AF826429

Haftung für Rat, Auskunft und Gutachten

von

Privatdozent Dr. iur. Hans-Joachim Musielak

1974

Walter de Gruyter · Berlin · New York

ISBN 3 11 005828 6

©

Copyright 1974 by Walter de Gruyter & Co., vormals G. J. Göschen'sche Verlagshandlung, J. Guttentag, Verlagsbuchhandlung, Georg Reimer, Karl J. Trübner, Veit & Comp., 1 Berlin 30.

Alle Rechte, insbesondere das Recht der Vervielfältigung und Verbreitung sowie der Übersetzung, vorbehalten. Kein Teil des Werkes darf in irgendeiner Form (durch Fotokopie, Mikrofilm oder ein anderes Verfahren) ohne schriftliche Genehmigung des Verlages reproduziert oder unter Verwendung elektronischer Systeme verarbeitet, vervielfältigt oder verbreitet werden.

Printed in Germany

Satz und Druck: Mercedes-Druck, 1 Berlin 61
Buchbinderei: Thomas Fuhrmann KG, 1 Berlin 36

VORWORT

Die folgenden Ausführungen stellen die erweiterte Fassung der Probevorlesung dar, die ich im Rahmen meiner Habilitation am 31. Januar 1974 vor der Rechtswissenschaftlichen Fakultät der Universität zu Köln gehalten habe. Die Vortragsform ist im wesentlichen beibehalten. Rechtsprechung und Schrifttum sind bis Anfang August 1974 berücksichtigt worden.

Bonn, im September 1974

Hans-Joachim Musielak

INHALTSÜBERSICHT

I. Die Haftungsgrundlagen 6

II. Beratungs- und Auskunftsverträge 7

a) Die Abgrenzung von reinen Gefälligkeiten 7

b) Die geschuldete Leistung 11

c) Haftungsausschlüsse durch Allgemeine Geschäftsbedingungen 12

III. Garantievertrag 15

IV. Verletzung vertraglicher Nebenpflichten durch falschen Rat oder fehlerhafte Auskunft 16

V. Zur vertraglichen Haftung bei Schädigung Dritter durch falsche Informationen.................... 19

a) Die Auffassung der Rechtsprechung 20

b) Die Meinungen im Schrifttum 27

c) Die Frage nach vertraglichen Drittwirkungen ... 32

VI. Deliktische Haftung 42

VII. Zusammenfassung der Ergebnisse 44

I. DIE HAFTUNGSGRUNDLAGEN

In einer arbeitsteilig strukturierten, ständig sich noch weiter spezialisierenden Gesellschaft wie der unsrigen erfüllen die Beratung und Auskunft durch Fachleute und Sachkenner eine sehr wichtige Funktion. Der einzelne ist häufig nicht imstande, die für wesentliche Entscheidungen maßgebenden Verhältnisse zu überschauen; er muß auf die Information anderer vertrauen, die den ihm fehlenden Durchblick haben oder es zumindest vorgeben. Ist die Information falsch und entsteht daraus dem falsch Informierten ein Schaden, dann stellt sich die Frage nach der Haftung des Beraters. Diese Frage wird im Bürgerlichen Gesetzbuch mit lakonischer Kürze beantwortet. § 676, die einzige Vorschrift, die ausdrücklich diesem Thema gewidmet ist, lautet:

> „Wer einem anderen einen Rat oder eine Empfehlung erteilt, ist unbeschadet der sich aus einem Vertragsverhältnis oder einer unerlaubten Handlung ergebenden Verantwortlichkeit, zum Ersatze des aus der Befolgung des Rates oder der Empfehlung entstehenden Schadens nicht verpflichtet."

Die Begriffe „Rat" und „Empfehlung" im Sinne dieser Vorschrift schließen auch die „Auskunft" ein; dies wird in den Motiven[1] klargestellt und ist in Rechtssprechung und Lehre nicht streitig[2]. Der gesetzlichen Regelung ist zu entnehmen, daß Rat, Empfehlung und Auskunft dem Bereich des Tatsächlichen zuzurechnende Vorgänge darstellen[3], für die sich eine Einstandspflicht nur bei Vorhandensein besonderer Haftungsgründe ergeben kann. Diese Haftungsgründe liegen – wo-

---

1 Motive zum BGB II, S. 554.

2 Vgl. RGZ 126, 50, 52; RGZ 146, 286, 293; Erman-Hauß, Handkommentar zum Bürgerlichen Gesetzbuch, 5. Auflage, München 1972, § 676 Anm. 1.

3 RGRK-Steffen, 12. Auflage, Berlin 1974, § 676 Rdn. 10; Erman-Hauß, a. a. O.; Pikart, WM 1966, S. 698; vgl. auch RGZ 162, 129, 154.

rauf § 676 verweist – entweder im Vertrags- oder Deliktsrecht.

Als Grundlage einer vertraglichen Haftung kommen in Betracht[4]:

- ein Auskunfts- oder Beratungsvertrag,
- eine für die Richtigkeit der Auskunft oder der Beratung übernommene Garantie,
- ein sonstiges Vertragsverhältnis,
- schließlich Beziehungen vertragsähnlicher Art.

II. BERATUNGS- UND AUSKUNFTSVERTRÄGE

Eine typische Fallgruppe bilden Sachverhalte, in denen Rat und Auskunft ohne weitere Vertragsbeziehungen, gleichsam isoliert, erteilt werden. Hierher zählen die Fälle, in denen nicht mehr geschieht, als daß ein Rechtsanwalt Rechtsrat gibt, ein Wirtschaftsprüfer ein Gutachten über die wirtschaftliche Lage eines Unternehmens erstattet, eine Auskunftei von ihr recherchierte Tatsachen mitteilt, eine Bank die Frage der Kreditwürdigkeit eines Dritten beantwortet.

In Fällen dieser Art können zweierlei haftungsrechtliche Schwierigkeiten auftreten: Einmal die Notwendigkeit, rechtsgeschäftliche Verpflichtungen von reinen Gefälligkeitsverhältnissen außerhalb rechtlicher Verbindlichkeit abzugrenzen; zum anderen Bedeutung und Wirkung von Freizeichnungen zu klären, mit denen sich Berater und Auskunftgeber gegen Regreßansprüche schützen wollen.

a) Die Abgrenzung von reinen Gefälligkeiten

Wenn jemand einen Bekannten nach der Abfahrtszeit eines öffentlichen Verkehrsmittels fragt, die gegebene Auskunft falsch ist und dem Auskunftsempfänger dadurch ein Schaden

4 BGH, WM 1964, S. 1164.

entsteht, etwa weil er gezwungen wird, ein Taxi zu nehmen, um einen wichtigen Termin einhalten zu können, wird wohl niemand ernsthaft eine Schadensersatzverpflichtung des Auskunftgebers erwägen. Es handelt sich um eine Gefälligkeit des täglichen Lebens, die sich außerhalb des rechtlichen Bereichs abwickelt[5]. Ist der Auskunftgeber ein Reisebüro, erhält die Sache schon ein anderes Gesicht. Wo beginnt nun das Rechtsgeschäft, wo endet die unverbindliche Gefälligkeit?

Die Antwort ist in solchen Fällen einfach, in denen ein Rat oder eine Auskunft nur gegen Entgelt gegeben wird, wie dies beispielsweise bei der Tätigkeit von Rechtsanwälten, Notaren, Wirtschaftsprüfern, Steuerberatern und Auskunfteien anzunehmen ist. Da Gefälligkeit begriffsnotwendig die Unentgeltlichkeit der Leistung voraussetzt[6], sind für die hier vorzunehmende Unterscheidung alle die Fälle unproblematisch, in denen Rat und Auskunft nur gegen Vergütung erteilt werden. Schwierigkeiten der Abgrenzung ergeben sich daher nur, wenn der Berater oder Auskunftgeber seine Leistung unentgeltlich erbringt.

Das Zurückgreifen auf die subjektive Einstellung der Partner und das Analysieren des Parteiwillens im Zeitpunkt der Leistung kann hier nicht weiterhelfen. In vielen Fällen wird sich einer – möglicherweise sogar jeder der Partner – vor dem Schadensfall keine Gedanken über die rechtliche Relevanz des Verhaltens machen. Nach dem Schadensfall wird jeder naturgemäß geneigt sein, sein Handeln in einem ihm günstigen Sinn zu interpretieren. Auf den inneren, nach außen nicht erkennbar hervorgetretenen Willen der Beteiligten kommt es jedoch nicht an. Entscheidend ist vielmehr, wie sich einem objektiven Betrachter das Verhalten der Beteiligten darstellt[7]. Diese Auffassung ist unabhängig von der

---

5 BGH, NJW 1956, S. 1313; BGH, NJW 1968, S. 1874.

6 BGH, NJW 1956, S. 1313.

7 RG, JW 1915, S. 19; BGH, NJW 1956, S. 1313; BGH, NJW 1968, S. 1875; BGH, NJW 1968, S. 588, 589; OLG Saarbrücken, NJW 1972, S. 55, 56.

Entscheidung der Frage, ob subjektive Bestandteile zum Tatbestand einer Willenserklärung gehören. Denn wer für den Tatbestand einer Willenserklärung – wie die herrschende Lehre – ein Erklärungsbewußtsein verlangt[8] oder wer sogar ein Geschäftswillen des Erklärenden fordert[9], kann in dieser Frage nicht bei der rein subjektiven Einstellung des Erklärenden stehen bleiben. Im Interesse der Verkehrssicherheit muß auch auf der Grundlage der subjektiven Auffassung derjenige, der durch sein Verhalten den Eindruck erweckt, als habe er ein Erklärungsbewußtsein und einen Geschäftswillen, sich nach Treu und Glauben so behandeln lassen, als habe er tatsächlich diese subjektive Einstellung gehabt[10].

Zutreffend läßt deshalb der Bundesgerichtshof[11] bei der Abgrenzung unverbindlicher Gefälligkeiten von rechtsgeschäftlichem Handeln entscheiden, wie der Partner das Verhalten des Erklärenden nach Treu und Glauben mit Rücksicht auf die Verkehrssitte auffassen darf. Dies bedeutet für die hier zu behandelnden Fälle, daß Art, Grund und Zweck einer Beratung oder einer Auskunft, die wirtschaftliche Bedeutung insbesondere für den Empfänger, der Beruf und die Sachkunde des Beraters oder Auskunftgebers, das rechtliche und wirtschaftliche Interesse der Beteiligten bedeutsame Anhaltspunkte für die Entscheidung über den Bindungswillen darstellen[12]. Reichsgericht und Bundesgerichtshof haben in

---

8 Lehmann-Hübner, Allgemeiner Teil des Bürgerlichen Gesetzbuches, 15. Auflage, Berlin 1966, § 24, 1b; Enneccerus-Nipperdey, Recht der Schuldverhältnisse, 15. Auflage, Tübingen 1958, § 145, II A 4; vgl. auch BGH, NJW 1953, S. 58.

9 Staudinger-Coing, Bürgerliches Gesetzbuch, 11. Auflage, Berlin 1957, Vorbem. 1 ff. zu § 116.

10 Vgl. BGH, LM § 150 BGB Nr. 6; Hübner, Festschrift für Nipperdey, Band I, München/Berlin 1965, S. 373 ff.; Flume, Allgemeiner Teil des Bürgerlichen Rechts, 2. Band: Das Rechtsgeschäft, Berlin/Heidelberg/New York 1965, §§ 5, 10; Staudinger-Coing, a. a. O., Vorbem. 3 ff.; von Tuhr, Der Allgemeine Teil des Deutschen Bürgerlichen Rechts, II. Band, 1. Hälfte, Berlin 1957 (Neudruck der Ausgabe von 1914), S. 403.

11 BGH, NJW 1956, S. 1313.

12 BGH, a. a. O., S. 1313 f.

ständiger Rechtsprechung[13] eine Haftung aus einem stillschweigend abgeschlossenen Beratungs- oder Auskunftsvertrag bejaht, wenn erkennbar die Beratung oder Auskunft für den Empfänger von erheblicher Bedeutung war und er sie zur Grundlage wesentlicher Entscheidungen oder Maßnahmen machte. Eine vertragliche Bindung ist insbesondere dann angenommen worden, wenn der Berater oder Auskunftgeber für die gegebene Information sachkundig war oder wenn bei ihm ein eigenes wirtschaftliches Interesse im Spiel gewesen ist.

Nach diesen Kriterien ist beispielsweise die von einer Bank erteilte Kreditauskunft nicht als eine unverbindliche Gefälligkeit anzusehen, wenn der Empfänger die Auskunft erkennbar zur Grundlage wesentlicher Entscheidungen machen will. Auch wenn es sich bei dieser Auskunft um einen einmaligen Vorgang handelt und der Auskunftsempfänger sonst mit der Bank in keiner Verbindung steht, kommt ein Auskunftsvertrag in diesem Falle stillschweigend zustande[14]. Ein solcher Vorgang bleibt wegen seiner wirtschaftlichen Bedeutung für den Empfänger eben nicht nur im unverbindlichen Bereich einer bloßen Gefälligkeit. Das Verhalten der Bank ist vielmehr nach Treu und Glauben unter Berücksichtigung der Verkehrssitte als eine Offerte zum Abschluß eines Auskunftsvertrages zu werten, die von dem Kunden ebenfalls konkludent angenommen wird; ein anderer innerer Wille der Bank ist hierbei unbeachtlich[15].

---

[13] RG, JW 1917, S. 101; RG, JW 1918, S. 90; RGZ 101, 297, 301; RG, HRR 1936, S. 1107; RG, SeuffArch. 80 Nr. 10; RG, SeuffArch. 92 Nr. 124; BGHZ 7, 371; BGH, WM 1958, S. 397, 1080; BGH, WM 1960, S. 660; BGH, WM 1962, S. 1110; BGH, WM 1963, S. 913; BGH, WM 1965, S. 287; BGH, NJW 1972, S. 678, 680; vgl. auch OLG Frankfurt, DStR 1973, S. 476.

[14] BGH, WM 1962, S. 1110 f.; vgl. auch BGH, NJW 1973, S. 456; Robrecht, Anwaltsblatt 1973, S. 57, 59; RGRK-Steffen, a. a. O. (oben N. 3), Rdn. 37; anders ein Teil des Schrifttums; vgl. dazu unten S. 29 f.

[15] Kellmann, JuS 1971, S. 609, 612; Soergel-Hefermehl, Bürgerliches Gesetzbuch, 10. Auflage, Stuttgart 1967, Vorbem. vor § 116, Rdn. 5 ff., 11 f.; RGRK-Steffen, a. a. O. (oben N. 3), Rdn. 36; vgl. auch Flume, a. a. O. (oben N. 10), § 5, 3 (S. 69 f.).

Wenn Gaede[16] zur Begründung seiner gegenteiligen Auffassung meint, die Bank hätte keinen Anlaß, einem Nichtkunden irgendeine Leistung zu erbringen, bestehe sie auch nur in der Übernahme einer Haftung für Sorgfalt, dann berücksichtigt er nicht, daß die Leistung der Bank in der Auskunft selbst besteht, die sie zwar gegenüber Nichtkunden zu erbringen nicht verpflichtet ist, die sie aber sorgfältig auszuführen hat, wenn sie – im Regelfall konkludent durch die Auskunft – einen Auskunftsvertrag schließt. Die juristische Wertung derartiger Vorgänge ändert sich auch nicht, wenn die Bank – einem Vorschlag von Gaede folgend – ihrer Auskunft den Hinweis hinzufügt, sie lehne jede vertragliche Verpflichtung ab. Ein derartiger Hinweis wäre als Freizeichnung anzusehen[17] und würde nur innerhalb der gleichen Grenzen gelten wie andere Haftungsausschlüsse und Haftungsbeschränkungen auch; dazu später.

b) Die geschuldete Leistung

Bei der Frage, ob eine objektiv falsche Auskunft oder Beratung oder ein objektiv unrichtiges Gutachten eine Schadensersatzpflicht begründen, darf nicht außer acht bleiben, daß Rat und Gutachten immer, Auskunft häufig nur die persönliche Auffassung des Befragten zum Inhalt haben. Wird ein wissenschaftliches Gutachten in Auftrag gegeben, so kann selbstverständlich nicht die absolute Richtigkeit der Ausführungen verlangt werden. Der Gutachter hat jedoch insbesondere bei kontroversen Fragen eine umfassende Darstellung aller Probleme zu geben und dabei die zur Verfügung stehen-

---

16 NJW 1972, S. 926, 930.

17 Dagegen kann dieser Hinweis nicht als Erklärung der Bank gedeutet werden, sie wolle sich nicht rechtsgeschäftlich binden. Eine solche „Verwahrung" stände im Widerspruch zu dem übrigen Verhalten der Bank und wäre als protestatio facto contraria unbeachtlich; vgl. BGH, NJW 1965, S. 387, 388; Soergel-Hefermehl, a. a. O. (oben N. 15), Rdn. 11; Flume, a. a. O. (oben N. 10), § 5, 5 (S. 76); Lehmann-Hübner, a. a. O. (oben N. 8), § 30 V (S. 210); ablehnend gegenüber dieser Begründung Teichmann, Festschrift für Michaelis, Göttingen 1972, S. 294 ff., 314 f.

den Erkenntnisquellen zu nutzen. Der Auftraggeber muß dem Gutachten entnehmen können, welcher Grad von Sicherheit und Verläßlichkeit für die Meinung des Gutachters und für die von ihm empfohlene Lösung sprechen. So hat der Bundesgerichtshof[18] einem Steuerbevollmächtigten zu Recht vorgeworfen, daß dem von ihm erstatteten Gutachten nicht entnommen werden konnte, inwieweit die von ihm behandelte Frage ein offenes Problem darstellte, zu dem er nur seine unbestätigte Auffassung äußerte, damit der Auftraggeber das Wagnis klar erkennen konnte, das er einging, wenn er sich auf die vom Gutachter vorgenommene Auslegung verließ.

c) Haftungsausschlüsse durch Allgemeine Geschäftsbedingungen

Professionelle Berater und Auskunftgeber insbesondere Banken und Auskunfteien pflegen sich gegen Regreßansprüche durch Freizeichnungen zu schützen. Eine große Rolle spielen hierbei Haftungsausschlüsse durch Allgemeine Geschäftsbedingungen[19]. Da die Rechtsfragen, die sich im Hinblick auf die Haftungsausschlüsse für Rat und Auskunft durch Allgemeine Geschäftsbedingungen ergeben, für alle Bereiche annähernd die gleichen sind, kann die Problematik am Beispiel der Allgemeinen Geschäftsbedingungen der Banken behandelt werden[20].

---

[18] BGH, WM 1962, S. 932, 933.

[19] Freizeichnungen durch individuelle Vereinbarung (zur Abgrenzung von AGB vgl. Nicklisch, BB 1974, S. 941, 948 f.) sind in dem hier behandelten Fragenbereich nicht so häufig anzutreffen. Auch für sie gibt es über die Grenze des § 276 Abs. 2 BGB hinaus Einschränkungen, die aus dem Grundsatz von Treu und Glauben abzuleiten sind (vgl. Deutsch, VersR 1974, S. 306); RGRK-Steffen (oben N. 3), Rdn. 65.

[20] Nr. 10 dieser Geschäftsbedingungen lautet: „Die Bank steht dem Kunden nach bestem Wissen zu allen bankmäßigen Auskünften und Raterteilungen zur Verfügung. Erstrecken sich mündlich erteilte Auskünfte und Raterteilungen auf Kreditwürdigkeit und Zahlungsfähigkeit, so gelten sie nur vorbehaltlich schriftlicher Bestätigung. Mit Rücksicht auf die Mannigfaltigkeit der Auskünfte und Ratschläge können diese jedoch nur unter Ausschluß jeder Verbindlichkeit, auch, soweit gesetzlich zulässig, der Haftung aus § 278 des Bürgerlichen Gesetzbuches erteilt werden; die Bank übernimmt ferner keine Haftung aus einer etwaigen Unterlassung von Auskünften und Raterteilungen."

Geschäftsbedingungen – und damit in ihnen ausgesprochene Haftungsausschlüsse und Haftungsbeschränkungen – werden nur Bestandteil eines Vertrages, wenn sie nach dem objektiven Erklärungswert der abgegebenen Willenserklärungen beider Vertragspartner zum Inhalt des Vertrages gemacht worden sind[21]; das heißt: sie finden für die Rechtsbeziehungen der Vertragsparteien Anwendung, wenn nach dem Grundsatz von Treu und Glauben unter Berücksichtigung der Verkehrssitte der Erklärung des Aufstellers der Geschäftsbedingungen der rechtsgeschäftliche Wille zu entnehmen ist, daß diese Bedingungen auch in dem konkreten Einzelfall gelten sollen, und die Erklärung des Vertragspartners als Einverständnis mit dieser Geltung gewertet werden kann[22]. Es hängt somit von den Umständen des Einzelfalles ab, ob von einer stillschweigenden Verabredung auszugehen ist. Der einseitige, unausgesprochene Vorbehalt, nur unter Geltung der eigenen Geschäftsbedingungen abschließen zu wollen, genügt hierfür nicht. Bei den Allgemeinen Geschäftsbedingungen der Banken ist allerdings zu berücksichtigen, daß – wie ganz überwiegend bekannt sein dürfte – Banken nur unter Geltung ihrer Geschäftsbedingungen tätig zu werden und Rat und Auskunft zu erteilen pflegen. Diese Üblichkeit, die nicht nur Kaufleute kennen[23], führt dazu, daß im Regelfall die Geschäftsbedingungen der Banken auch ohne ausdrückliche Vereinbarung zum Bestandteil der mit Banken abgeschlossenen Verträge werden[24].

---

[21] Auf die Frage, wie Allgemeine Geschäftsbedingungen Geltung für die Rechtsbeziehungen der Vertragspartner erhalten, werden die verschiedensten Antworten gegeben (vgl. den Überblick über die vertretenen Meinungen bei Soergel-Heinrich Lange, a. a. O. (oben N. 15), Vorbem. vor § 145, Rdn. 93); wie hier Emmerich, JuS 1972, S. 364 f.; Erman-Hefermehl, a. a. O., Rdn. 35 (a. E.).

[22] Emmerich, a. a. O. Dagegen will die Rechtsprechung genügen lassen, daß der Vertragspartner des Aufstellers der AGB von den Geschäftsbedingungen wußte oder doch wissen mußte, vgl. Schmidt-Salzer, Allgemeine Geschäftsbedingungen, München 1971, Rdn. 24 (S. 19), mit Nachweisen. Im praktischen Ergebnis gibt es jedoch keine wesentlichen Unterschiede zwischen diesen Auffassungen (vgl. z. B. BGH, MDR 1973, S. 845).

[23] So aber Emmerich, a. a. O., S. 365.

Banken pflegen häufig Auskünften und Beratungen Zusätze wie „ohne Obligo" oder die Buchstaben „o. u. O.", d. h. „ohne unser Obligo" beizufügen. Dies sind typische Klauseln, durch die auf eine Freizeichnung im Sinne der Nr. 10 der Allgemeinen Geschäftsbedingungen verwiesen wird; die Haftungsbegrenzung gilt dann im gleichen Umfang und mit den gleichen Einschränkungen wie die der Nr. 10 der Geschäftsbedingungen[25].

Allgemeine Geschäftsbdingungen und die in ihnen enthaltenen Haftungsbeschränkungen sind unter dem Gesichtspunkt des § 242 BGB dahin zu überprüfen[26], ob sie inhaltlich unangemessen sind und insbesondere ob durch sie die Rechte der anderen Vertragspartei in einem nicht mehr vertretbaren Maße verkürzt werden[27]. Dem Interesse, das der Auskunftgeber und Berater hat, für die häufig nur schwer voraussehbaren Schäden, die infolge falscher Beratung oder Auskunft eintreten können, nicht zu haften, ist das Interesse des Geschädigten gegenüber zu stellen, Ersatz seines Schadens zu erhalten. Bei der nach diesen Erwägungen durchzuführenden Inhaltskontrolle ist insbesondere zu berücksichtigen, daß Rat und Auskunft – wie bei Banken – unentgeltlich oder nur gegen geringes Entgelt erteilt werden. Bei unentgeltlich erbrachten Leistungen ist über die Gültigkeit von Freizeichnungen großzügiger zu entscheiden als bei entgeltlichen[28]. Auch

---

24 BGH, WM 1966, S. 973; BGH, WM 1970, S. 632; BGH, WM 1971, S. 988; Mühl, Festschrift für Heinz Kaufmann (1972), S. 291 f.; Ungnade, Sparkasse 1973, S. 84 f.; Schraeper, NJW 1972, S. 1837; vgl. auch BGH, NJW 1972, S. 1200 f.; einschränkend Huhn, Grundlagen des Vertrags- und Schuldrechts (Athenäum-Zivilrecht I), Frankfurt/M. 1972, S. 204.

25 BGH, NJW 1970, S. 1737, 1738; OLG Köln, NJW 1973, S. 1882, 1883.

26 Zur inhaltlichen Kontrolle von Allgemeinen Geschäftsbedingungen vgl. Schmidt-Salzer, a. a. O. (oben N. 22), Rdn. 124 ff. (S. 86 ff.), NJW 1971, S. 1010, 1012, mit vielen Nachweisen; Eith, NJW 1974, S. 16 f.; Weber, NJW 1972, S. 1793 ff.; Lindbacher, BB 1972, S. 296 ff.; Grunsky, BB 1971, S. 1113, 1115 ff.

27 BGH, Eildienst Bundesgerichtlicher Entscheidungen 1972, S. 378; BGH, BB 1973, S. 773, 774.

28 Vgl. dazu auch Deutsch, VersR 1974, S. 306 f.

das Reichsgericht[29] hat bei der Anerkennung von Freizeichnungen diesen Gedanken als rechtspolitisch bedeutsames Argument gelten lassen.

Im Grundsatz ist eine Haftungsbeschränkung für Rat und Auskunft in Allgemeinen Geschäftsbedingungen als zulässig und wirksam anzusehen[30]. Allerdings gibt es hierfür Grenzen. Nicht mit den Grundsätzen der Billigkeit und eines gerechten Interessenausgleichs zwischen den Vertragsparteien ist es zu vereinbaren, eine Freizeichnung auch für Vorsatz und grobe Fahrlässigkeit verfassungsmäßig berufener Vertreter und leitender Angestellter vorzusehen[31]. Dabei kann das Verschulden dieser Personen auch in der Zulassung von Organisationsmängeln gefunden werden, die dazu führen, daß von anderen Angestellten falsche Auskünfte oder fehlerhafte Beratungen erteilt werden[32]. Ebenfalls widerspricht die Berufung auf die Freizeichnung Treu und Glauben, wenn ein nichtleitender Angestellter die falsche Auskunft vorsätzlich deshalb erteilt hat, um der Bank irgendwelche Vorteile zu sichern[33].

III. GARANTIEVERTRAG

Unter den vertraglichen Haftungsgrundlagen spielt der Garantievertrag bei Rat und Auskunft nur eine relativ untergeordnete Rolle. Mit dem Garantievertrag übernimmt der

---

29 RGZ 115, 122; RG, LZ 1931, S. 1065; Lorenz, Festschrift für Larenz, München 1973, S. 584.

30 BGH, NJW 1968, S. 588, 590, mit weiteren Nachweisen; BGH, BB 1972, S. 2461.

31 BGHZ 13, 198; BGH, NJW 1973, S. 99, 100; BGH, NJW 1956, S. 908, 909; BGH, NJW 1962, S. 1195, 1196; BGH, WM 1964, S. 609; BGH, WM 1971, S. 817, 818; BGH, NJW 1972, S. 1200, 1201 f.; BGH, NJW 1973, S. 456, 457; OLG Köln, NJW 1973, S. 1882 f.; Lorenz, a. a. O. (oben N. 29), S. 586; Pikart, WM 1966, S. 704.

32 Ebenso Lorenz, a. a. O. (oben N. 29), S. 587; RGRK-Steffen, a. a. O. (oben N. 3), Rdn. 63.

33 BGH, BB 1972, S. 2461; BGH, WM 1973, S. 635, 636.

Garant das volle Risiko für den Eintritt oder Nichteintritt eines bestimmten subjektiv ungewissen Erfolges[34]. Für die hier behandelten Fälle bedeutet dies, daß jemand versprechen muß, unabhängig von seinem Verschulden den Schaden ersetzen zu wollen, der aus der Befolgung seines Rats oder aus dem Vertrauen auf die Richtigkeit seiner Auskunft entsteht. Ein solches Versprechen bildet in der Praxis wegen der weitreichenden Haftungsverpflichtung eine seltene Ausnahme. Für einen entsprechenden Willen des Versprechenden müssen sich eindeutige Anhaltspunkte finden lassen. Ein eigenes Interesse des Versprechenden kann dabei als Beweiszeichen gewertet werden[35]. So hat der Bundesgerichtshof[36] eine Garantie in dem Fall bejaht, in dem ein Kraftfahrzeughändler die Richtigkeit von Angaben eines Kunden in einem Kreditantrag gegenüber dem Finanzierungsinstitut unter ausdrücklicher Zusicherung bestätigte, bei Unrichtigkeit der Angaben die daraus entstehenden Verluste abdecken zu wollen. Das Reichsgericht[37] hat eine Garantieverpflichtung angenommen, wenn der Bezogene eines Wechsels auf Anfrage des Wechselinhabers erklärte, das Akzept gehe in Ordnung.

IV. VERLETZUNG VERTRAGLICHER NEBENPFLICHTEN DURCH FALSCHEN RAT ODER FEHLERHAFTE AUSKUNFT

Eine weitere Fallgruppe bilden Sachverhalte, in denen bei bestehenden Vertragsbeziehungen, die ihrem Gegenstand nach nicht auf Rat oder Auskunft gerichtet sind, der eine Vertragspartner dem anderen Auskünfte erteilt oder Ratschläge gibt, die falsch sind und zu einem Schaden führen. Fälle die-

---

34 Vgl. BGH, NJW 1967, S. 1020; Soergel-Reimer Schmidt, a. a. O. (oben N. 15), Vorbem. 29 vor 765; Stoll, AcP 135 (1932), S. 96 ff.

35 BGH, WM 1964, S. 61; Pikart, WM 1966, S. 698.

36 BGH, WM 1960, S. 880 f.

37 RGZ 82, 337.

ser Art zeichnen sich dadurch aus, daß aufgrund ihrer besonderen Gestaltung das Zustandekommen eines eigenständigen Auskunfts- oder Beratungsvertrages zu verneinen ist und eine Haftung nur aufgrund der bestehenden Vertragsbeziehungen in Betracht kommt. Als Beispiel sei der Sachverhalt einer Bundesgerichtshofs-Entscheidung aus dem Jahre 1968[38] dargestellt:

> Die Parteien, zwei Heizöllieferanten, standen seit 10 Jahren in umfangreichen Geschäftsbeziehungen miteinander. Man half sich bei Lieferungen gegenseitig aus, tauschte Informationen über die Kreditwürdigkeit von Kunden und gewährte sich Kundenschutz. Ein leitender Angestellter des Beklagten wies anläßlich einer Besprechung den Einkäufer des Klägers auf die Firma M hin, die angeblich daran interessiert sei, Öl im Raum Köln zu beziehen, in dem der Beklagte kein Lager unterhielt. Der Angestellte des Beklagten erklärte, man könne M beliefern, verschwieg dabei aber, daß M ihre Zahlungsverpflichtung gegenüber dem Beklagten in Höhe von 100 000,– DM nicht termingerecht erfüllt hatte und der Beklagte ihr deshalb kein Öl mehr lieferte. Der Kläger verkaufte Öl an M für 80 000,– DM, erhielt keine Bezahlung, und fiel im Konkurs der Firma M mit seiner Forderung aus. Er verlangte daraufhin Ersatz seines Schadens vom Beklagten, weil der Beklagte bzw. sein Angestellter die Zahlungsschwierigkeiten der M und die Tatsache, daß der Beklagte selbst nicht mehr lieferte, verschwiegen hätte.

Der Bundesgerichtshof hat diesen Schadensersatzanspruch zu Recht als begründet angesehen und ist dabei von folgenden Erwägungen ausgegangen:

Neben den primären Leistungspflichten, die durch einen Vertrag begründet werden, stehen nach der besonderen Art und Intensität der Rechtsbeziehungen zwischen den Parteien unterschiedliche Pflichten zur wechselseitigen Rücksichtnahme, bei deren Verletzung eine Schadenshaftung wegen

---

[38] WM 1969, S. 247.

positiver Vertragsverletzung in Betracht kommt. Die Grundlage dafür bildet das Prinzip von Treu und Glauben. Jede Vertragspartei hat sich so zu verhalten, wie es von einem redlich und loyal denkenden Geschäftspartner erwartet werden kann. Die Verpflichtung, die Interessen des Vertragspartners auch über den eigentlichen Vertragsgegenstand hinaus zu berücksichtigen, verstärkt sich vor allem in Fällen, in denen sich aufgrund länger dauernder Geschäftsverbindung ein besonderes Vertrauensverhältnis unter den Geschäftspartners ausgebildet hat. Hier setzt der Grundsatz von Treu und Glauben strengere Maßstäbe als im Verkehr zwischen einander fremd gegenüberstehenden Personen, und es kann in solchen Fällen weitaus eher eine Haftung nach Vertragsgrundsätzen auch für Handlungen begründet sein, die im Zusammenhang mit der Geschäftsverbindung stehen, ohne unmittelbar die Erfüllung einer eigentlichen Vertragspflicht zu betreffen.

Es ist eine im Einzelfall zu entscheidende Wertungsfrage, ob falsche Auskünfte und Ratschläge, die sich Vertragspartner geben, eine vertragliche Nebenpflicht verletzen und ein Schadensersatzanspruch begründen[39]. Die vom Bundesgerichtshof in der dargestellten Entscheidung gewählte Handlungsmaxime des redlich und loyal denkenden Geschäftspartners ist allerdings wenig aussagekräftig. Kann man beispielsweise sagen, daß ein redlich und loyal denkender Darlehnsnehmer seinem Gläubiger fahrlässig keine falschen Ratschläge für die Anlegung des von ihm zurückgezahlten Geldes gibt[40] oder daß es mit der Handlungsweise eines redlich und loyal handelnden Verkäufers unvereinbar ist, wenn er fahrlässig falsche Auskünfte über die Verwendungsfähigkeit der Kaufsache macht[41]? Es kommt darauf an, sorgfältig das Vertragsverhältnis darauf zu analysieren, ob eine Pflicht zur Erteilung von

---

39 Vgl. Heide Schaumburg, Sachmängelgewährleistung und vorvertragliches Verschulden – § 463 BGB und culpa in contrahendo, Kölner Diss. 1974, S. 29 ff.

40 Vgl. RG, Recht 1909, Nr. 3057; s. dazu Lorenz, a. a. O. (oben N. 29), S. 587.

41 Vgl. BGH, MDR 1958, S. 422; BGH, NJW 1962, S. 1196, 1197.

Auskünften und Ratschlägen oder zumindest zur Unterlassung falscher Erklärungen besteht. Hierbei dürfen vertragliche Nebenpflichten keineswegs überspannt werden[42]. Es muß eine innere Beziehung zwischen dem Vertragsgegenstand und dem erteilten Rat bestehen[43]. Wenn der Verkäufer seinem Stammkunden eine falsche Zugverbindung nennt, kann wohl kaum ernsthaft die Verletzung einer Nebenpflicht des Kaufvertrages erwogen werden. Anders ist es dagegen, wenn der nicht fachkundige Käufer den Verkäufer als Fachmann um Rat oder Empfehlung hinsichtlich der Verwendungsmöglichkeit der Kaufsache für einen bestimmten Zweck bittet und der Verkäufer erkennen muß, daß sich für den Käufer aus der Befolgung des Rates bedeutsame wirtschaftliche Konsequenzen ergeben können. In einem solchen Fall obliegt dem Verkäufer die vertragliche Nebenpflicht, keine falschen Auskünfte und Ratschläge zu erteilen[44].

V. ZUR VERTRAGLICHEN HAFTUNG BEI SCHÄDIGUNG DRITTER DURCH FALSCHE INFORMATIONEN

Ein besonderes Rechtsproblem entsteht in Fällen, in denen der Vertragspartner die ihm erteilte Auskunft oder das ihm erstattete Gutachten an einen Dritten weitergibt und dieser Dritte im Vertrauen auf die Richtigkeit der Auskunft oder des Rates Vermögensdispositionen trifft, die zu einem Schaden führen, weil Auskunft oder Rat falsch ist. Wiederholt haben sich die Gerichte mit Fällen dieser

42 Die Rechtsprechung ist häufig sehr großzügig bei der Annahme vertraglicher Nebenpflichten; vgl. Schaumburg, a. a. O., S. 26 ff.

43 Ebenso Lorenz, a. a. O. (oben N. 29), S. 587.

44 Eine andere Frage ist es, ob der Verkäufer verpflichtet ist, auch ungefragt entsprechende Informationen zu geben. Zur Frage einer solchen Aufklärungspflicht vgl. Giesen, NJW 1971, S. 1797 f., mit weiteren Nachweisen.

Art zu beschäftigen gehabt, beispielsweise daß ein Wirtschaftsprüfer oder Steuerberater ein Gutachten über die wirtschaftliche Lage eines Unternehmens erstattet, das der Inhaber und Auftraggeber einem Dritten zum Nachweis seiner Bonität vorlegt. Der Dritte gewährt im Vertrauen auf die Richtigkeit des Gutachtens einen Kredit, das Unternehmen fällt in Konkurs, der Kreditgeber geht leer aus. Es stellt sich heraus, daß das Gutachten falsch war, das Unternehmen im Zeitpunkt der Gutachtenerstattung keineswegs mehr kreditwürdig gewesen ist, was der Gutachter fahrlässig nicht erkannt hatte. § 823 Abs. 1 BGB kommt nicht in Betracht, da es sich um einen Vermögensschaden handelt. Ein Schadensersatzanspruch nach § 826 scheitert in solchen Fällen meistens am subjektiven Tatbestand. Eine Haftung kann sich deshalb nur aus dem Vertragsrecht ergeben.

a) Die Auffassung der Rechtsprechung

Das Oberlandesgericht München[45] hat in einem derartigen Fall die vertragliche Haftung eines Wirtschaftsprüfers mit der dogmatisch wenig eingängigen Begründung bejaht, die Persönlichkeit des Wirtschaftsprüfers gäbe für Außenstehende die Garantie für die Richtigkeit der Auskunft. Dies mache die Auskunft in der Weise verbindlich, daß der Auskunftgeber nach Treu und Glauben zu erkennen gäbe, er übernehme die Haftung für die Richtigkeit[46].

Der Bundesgerichtshof hat in einer Ende 1972 ergangenen Entscheidung[47] die Frage einer solchen Vertrauenshaftung offen gelassen. In dem zur Entscheidung gestellten Fall hatte der beklagte Wirtschaftsprüfer von ihm testierte Bilanzen und Erfolgsrechnungen in mehreren bestätigten Ausfertigungen zum Zweck der Kreditgewährung einer

---

[45] BB 1956, S. 866.

[46] Ablehnend gegenüber dieser Begründung auch Faber, BB 1957, S. 495 f.

[47] BGH, NJW 1973, S. 321.

Firma gegen Entgelt überlassen. Die Bilanzen und Erfolgsrechnungen waren zum Teil falsch. Die klagende Bank hatte im Vertrauen auf die Richtigkeit der Angaben Kredite gewährt, mit denen sie im Konkurs der Firma ausgefallen war. Unter Hinweis auf das besondere Vertrauen, das der Verkehr einem Wirtschaftsprüfer als Angehörigen des qualifiziertesten Buchsachverständigenberufs entgegenbringe, erwägt der BGH, ob nicht die bewußte Inanspruchnahme dieses Vertrauens, die in den Testaten und in den zusätzlichen Ausfertigungen zu sehen sei, „nach dem allgemeingültigen Grundsatz von Treu und Glauben unter Berücksichtigung eines unabwendbaren Verkehrsbedürfnisses . . . die Einstandspflicht des Bescheinigenden gegenüber dem Kreis der bestimmungsgemäßen Empfänger nicht wenigstens dafür bedingt, daß die Bescheinigung subjektiv zutreffend ist“[48]); in dem zu entscheidenden Fall könne sich eine solche Haftung darauf beziehen, daß der beklagte Wirtschaftsprüfer die bestätigte Prüfung tatsächlich vorgenommen und dabei erkennbar gewordene Fehler nicht verschwiegen habe. Der BGH läßt die Frage einer solchen Haftung unentschieden, da nach Feststellung des Berufungsgerichts die unrichtige Bescheinigung des Wirtschaftsprüfers für den Schaden der klagenden Bank nicht ursächlich gewesen sein soll.

Der Bundesgerichtshof nimmt nicht dazu Stellung, wie eine vertragliche Einstandspflicht der beschriebenen Art dogmatisch begründet werden soll[49]; der Hinweis auf den „allgemeingültigen Grundsatz von Treu und Glauben“ und auf „ein unabwendbares Verkehrsbedürfnis“ kann dafür noch keine tragfähige Grundlage schaffen.

Um die Auffassung der höchstrichterlichen Rechtsprechung zu dem hier behandelten Problem besser kennen zu lernen, sollen noch weitere einschlägige Fälle dargestellt

---

48 BGH, a. a. O., S. 323. Ähnlich OLG Köln, DB 1967, S. 1409.

49 Unklar ebenso Lammel, NJW 1973, S. 700, in seiner Anmerkung zu dieser Entscheidung.

und analysiert werden. Begonnen wird mit dem folgenden vom BGH im Jahre 1965 entschiedenes Sachverhalt[50]:

> Ein Kaufmann suchte für sein Unternehmen einen Kredit in Höhe von 20 000,– DM. Der Kredit sollte durch ein Grundpfandrecht an dem Grundstück eines Dritten gesichert werden. Die Klägerin, eine Sparkasse, war bereit, gegen Sicherung durch eine gleichhohe Briefgrundschuld den Kredit zu gewähren, verlangte aber vorher die Schätzung des Grundstückswertes. Der Beklagte, ein für das Bau-, Wohnungs- und Grundstückswesen öffentlich vereidigter Sachverständiger, wurde daraufhin von einem Versicherungsvertreter, der für den Geschäftsmann den Kredit vermitteln sollte, gebeten, die Schätzung vorzunehmen. In einem an den Grundstückseigentümer adressierten Schreiben gab der Beklagte den Wert des Grundstücks mit 36 000,– DM bei einem Quadratmeterpreis von 18,– DM an; er wies darauf hin, das Grundstück könne in absehbarer Zeit als Bauplatz genutzt werden, da es in das Umlegungsverfahren und in den Bebauungsplan aufgenommen worden sei. Diese Schätzurkunde wurde der Klägerin vorgelegt. Sie gewährte das Darlehen, nachdem sie durch die Grundschuld gesichert worden war. Als der Kaufmann seiner Pflicht zur Rückzahlung des Darlehens nicht nachkam, ließ die Klägerin das Grundstück versteigern. Die aus diesem Anlaß von einem anderen Sachverständigen durchgeführte Schätzung ergab einen Verkehrswert von 3000,– DM bei einem Quadratmeterpreis von 1,50 DM. Die Annahme, das Grundstück könne in absehbarer Zeit bebaut werden, war falsch.
>
> Der Klägerin, die in der Versteigerung nur etwas mehr als 3000,– DM erhielt und mit dem Rest ausfiel, nahm den Beklagten wegen des falschen Gutachtens mit der Begründung in Anspruch, sie hätte nur aufgrund des vom Beklagten angegebenen Grundstückswert den Kredit gewährt. Der Beklagte trug demgegenüber vor, ihm sei nicht bekannt gewesen, daß die Schätzung Kreditzwecke dienen sollte; vielmehr sei ihm von dem Versicherungsvertreter gesagt worden,

---

[50] WM 1966, S. 1148.

es handele sich um eine reine Privatschätzung für den Eigentümer, der wissen wolle, was sein Grundstück ungefähr wert sei.

In den Entscheidungsgründen stellt der Bundesgerichtshof zunächst fest, daß einer vertraglichen oder vertragsähnlichen Haftung nicht entgegenstehe, daß die Klägerin nicht den Beklagten mit der Schätzung beauftragt habe. Der BGH[51] führt aus: „Wer, insbesondere mit Sachkunde, schuldhaft eine falsche Auskunft erteilt, haftet dem Empfänger nach Vertragsgrundsätzen auf Schadensersatz schon dann, wenn sie erkennbar für diesen von erheblicher Bedeutung war und er sie zur Grundlage wesentlicher Entschlüsse oder Maßnahmen gemacht hat (folgt Zitat). Das Fehlen sonstiger Vertragsbeziehungen steht einer solchen Haftung nicht entgegen. Eine derartige Haftung des Auskunftgebers gegenüber dem Vertrauenden kann auch dann begründet sein, wenn die Auskunft oder Bescheinigung nicht dem darauf Vertrauenden, sondern wie hier, einem anderen erteilt worden ist. Dann ist aber . . . erforderliche, daß sie (auch) für jenen bestimmt und der Auskunftgeber sich bewußt war, daß sie für weitere Kreise in der oben erwähnten Weise bedeutsam sein und unter Umständen als Grundlage entscheidender Vermögensdispositionen dienen werde." Weil nicht festgestellt werden kann, daß der Beklagte von der beabsichtigten Verwendung seiner Schätzurkunde gegenüber Dritten gewußt habe, weist der BGH die Klage ab. Es genüge nicht, daß der Beklagte mit einer solchen Verwendung hätte rechnen können.

Auch diese Entscheidung läßt offen, wie eine vertragliche Beziehung zwischen den Parteien hätte zustande kommen sollen oder welche vertragsähnliche Haftung in Betracht kommen könnte.

In einem späteren Urteil läßt der BGH[52] dahinstehen, ob vertragliche Beziehungen zwischen einem Steuerberater,

51 A. a. O., S. 1149.

52 WM 1969, S. 470.

der Bilanzen sowie Gewinn- und Verlustrechnungen als Unterlage für Verhandlungen über eine Unternehmensveräußerung aufstellt, und dem Käufer des Unternehmens entstehen, der sich auf die Richtigkeit der Unterlagen verläßt. Das Berufungsgericht hatte einen Auskunftsvertrag angenommen, obwohl die Parteien keinen unmittelbaren Kontakt miteinander hatten.

Bereits das Reichsgericht hat in einer Reihe von Entscheidungen vertragliche Schadensersatzansprüche gegen Aussteller falscher Bescheinigungen bejaht, wenn diese Bescheinigungen zum Nachweis von Tatsachen bestimmt gewesen sind, die für Vermögensdispositionen erheblich waren.

Eine gewisse Ähnlichkeit – zumindest im Tatsächlichen – mit dem vom BGH entschiedenen Grundstückssachverständigenfall weist die folgende Reichsgerichtsentscheidung aus dem Jahre 1926[53] auf:

> Der Kläger verhandelte mit einem Holzhändler über den Ankauf von Waldbeständen. Der Holzhändler legte eine schriftliche Bestätigung des Beklagten vor, in der mitgeteilt wurde, daß der Beklagte dem Holzhändler zwei Waldparzellen von insgesamt 42 Morgen fest verkauft habe. Die Klägerin ließ sich von dem Holzhändler dessen Rechte aus dem Vertrag mit dem Beklagten gegen Zahlung von 42 000,– Mark abtreten. Die verkauften Waldbestände waren aber nur 6 Morgen groß.

Auch das Reichsgericht stellt es auf das Wissen des Beklagten um den Verwendungszweck der Bestätigung ab und meint, daß der Beklagte zum Kläger in ein Vertragsverhältnis getreten sei, wenn ihm bekannt gewesen wäre, daß der Holzhändler die Bescheinigung verwenden wollte, um der Klägerin sein Verfügungsrecht für die Waldbestände nachzuweisen. Wörtlich heißt es dann im Urteil[54]: „Es wird also zu prüfen

[53] RGZ 114, 289.

[54] A. a. O., S. 270.

sein, ob der Beklagte nach den Umständen des Falls – sei es im Sinne vertraglicher Gewähr oder kraft vertraglicher Auskunftserteilung – für den Inhalt der Bescheinigung . . ., und zwar auch für die in ihr enthaltenen Flächenangaben, einstehen muß."

Zu Recht hat Raape[55] in einer Besprechung dieses Urteils bemängelt, daß vom Gericht mit keinem Wort begründet worden ist, wie ein Vertrag zustande gekommen sein sollte. Er erwägt, ob der Holzhändler als Bote oder Stellvertreter den Abschluß eines Vertrages zwischen den Parteien vermittelt haben könnte, und meint, es könnten nur ganz besondere, nicht verallgemeinerungsfähige Gründe das Gericht bestimmt haben, einen Vertrag in diesem Fall anzunehmen. Indes hat das Reichsgericht unter ausdrücklichem Hinweis auf diese Entscheidung auch in anderen Fällen eine vertragliche Haftung bejaht, in denen ebensowenig konkrete Anhaltspunkte für das Zustandekommen vertraglicher Beziehungen zu finden sind. Der folgende vom Reichsgericht[56] entschiedene Sachverhalt kann hierfür als Beispiel dienen:

> Der Kläger verkaufte ein Grundstück an M; dieser konnte den Kaupfpreis nicht zahlen und wandte sich an eine Bank, dessen Inhaber vom Beklagten beauftragt war, ihm ein Grundstück zu beschaffen. Der Bankier brachte M mit den Beklagten zusammen, und M bot diesem das vom Kläger gekaufte Grundstück zum Kauf an. Der Bankier stellt M eine Bescheinigung aus, in der er wahrheitswidrig bestätigte, der Beklagte habe für M bei ihm 10 000,– Mark in Gemäßheit des zwischen dem Kläger und M geschlossenen Kaufvertrages hinterlegt.
> M trat dem Kläger den Anspruch auf Auszahlung dieser Summe zur Abdeckung des Kaufpreises ab; der noch verbleibende Rest wurde bar vom Beklagten gezahlt, dem dafür ein Grundpfandrecht an dem Grundstück eingetragen wurde. Der Bankier fiel in Konkurs. Die Frist für die Annahme des von M dem Be-

---

55 JW 1927, S. 1407.

56 RGZ 126, 374.

klagten gemachten Vertragsangebots lief ergebnislos ab. Der Kläger verlangte vom Beklagten die Zahlung von 10 000,– Mark.

Das Reichsgericht verurteilte den Beklagten zur Zahlung dieses Betrages; er habe gewußt, daß der Bankier eine falsche Bescheinigung ausgestellt und daß M sie dem Kläger vorgelegt hätte. Der Kläger habe sich im Vertrauen auf die Richtigkeit der Bescheinigung auf die Abwicklung des Kaufvertrages mit M eingelassen. Das Reichsgericht meint, damit sei die vertragliche Haftung des Beklagten gegeben und erklärt: „Ein ähnlicher Sachverhalt ist vom Reichsgericht im RGZ Bd. 114, S. 290 (dies ist der oben dargestellte Fall der falschen Bescheinigung über die Größe der Waldparzellen) in gleicher Weise rechtlich gewürdigt." Gleichsam um einer vermuteten Kritik zuvor zu kommen, stellt das Gericht apodiktisch fest[57]: „Ein rechtliches Bedenken gegen die Vertragshaftung ist auch im vorliegenden Fall nicht anzuerkennen."

Auch hier kein Wort der Erklärung, wie dieser Vertrag zustande gekommen sein soll. Heinrich Stoll[58] weist auf die Möglichkeit eines Garantievertrages hin, der zwischen den Parteien unter Einschaltung des M als Boten oder Vertreters des Beklagten abgeschlossen sein könnte, eine gewagte Konstruktion, für die sich kaum eine Grundlage im Sachverhalt finden läßt. Aus welchem Grund soll der Beklagte den Willen gehabt haben, die Verpflichtung zu übernehmen, für den Schaden des Klägers zu haften, der diesem deshalb entstand, weil er auf die Richtigkeit der Bescheinigung vertraute. Der Beklagte kannte doch die Wahrheitswidrigkeit dieser Bescheinigung.

Dieser Überblick über die Rechtsprechung des Bundesgerichtshofes und des Reichsgerichts ließe sich noch fortsetzen; an der Feststellung, daß sich die Gerichte in erster Linie vom Ergebnis der Entscheidung leiten lassen, um die dogmatischen Grundlagen sich jedoch wenig kümmern, würde sich nichts ändern.

---

57 A. a. O., S. 379.

58 AcP 135 (1931), S. 95.

b) Die Meinungen im Schrifttum

Die im Schrifttum verschiedentlich unternommenen Versuche, dieser Rechtsprechung eine theoretische Fundierung zu geben, können nicht recht befriedigen. Sie überzeugen, soweit es darum geht, die Mängel und Lücken der von den Gerichten gegebenen Begründungen für eine Vertragshaftung in Fällen der hier behandelten Art aufzudecken; sie überzeugen nicht, wenn es sich darum handelt, die eigene Auffassung zu entwickeln und zu begründen.

Stoll[59] bejaht im Grundsatz die Möglichkeit einer Haftung aus Veranlassung eines Rechtsscheins, wenn durch eine unrichtige Bescheinigung Personen geschädigt worden sind, die auf die Bescheinigung vertrauten oder vertrauen konnten. Im Interesse des redlichen Dritten, der sich auf den Rechtsschein verlasse, den der Aussteller geschaffen habe, werden dem Aussteller eine vertragsgleiche Haftung auferlegt: Er müsse sich so behandeln lassen, als ob er die Richtigkeit der Bescheinigung gewährleistet habe[60]. Stoll[61] will diesen Satz im Wege einer allgemeinen Rechtsanalogie aus den verschiedenen Vorschriften herleiten, die sich auf die Rechtsscheinwirkung einer Privaturkunde beziehen: aus den §§ 172, 370, 405, 409, 576, 793, 796, 807, 808 BGB, §§ 364 Abs. 2, 365 HGB. Diesen Vorschriften ist aber zu entnehmen, daß keineswegs das Vertrauen auf die Richtigkeit einer Urkunde schrankenlos geschützt wird. Die zitierten Bestimmungen lassen sich in zwei Gruppen teilen: Solche, die eine Legitimationswirkung, und solche, die eine Inhaltswirkung schaffen. Stoll[62] erkennt: Das BGB hat nur die Legitimationswirkung voll wirksam gestaltet. Es ist aber weit davon entfernt, das Vertrauen auf den Inhalt des bescheinigten Rechts oder Rechtsverhältnisses schlechthin zu schützen.

---

59 A. a. O., S. 101 ff.

60 Stoll, a. a. O., S. 105.

61 A. a. O., S. 103 ff.

62 A. a. O., S. 104.

Bei den sogenannten Umlaufpapieren wird zwar das Vertrauen auf die inhaltliche Richtigkeit geschützt, diese Papiere dienen aber anderen Zwecken und können keine Grundlage für eine Verallgemeinerung bieten[63]. § 405 BGB, der die Inhaltswirkung einer Urkunde regelt, schützt das Vertrauen des Dritten nur in engen Grenzen und schließt lediglich die Berufung auf Scheingeschäft oder Abtretungsverbot aus.

Stoll[64] will über diesen Fall hinaus in Anlehnung an § 116 BGB einen Vertrauensschutz in Fällen gewähren, in denen der Aussteller bewußt etwas Unrichtiges bescheinigt, wobei noch als weitere Haftungsvoraussetzung hinzukommen soll, daß die Bescheinigung nach der Parteiabsicht oder nach der Verkehrssitte dazu bestimmt gewesen sei, einem Dritten vorgelegt zu werden[65]. Die Fälle einer fahrlässig falschen Bescheinigung, also auch der Fall des fahrlässig falsch erstatteten Gutachtens des Wirtschaftsprüfers über die wirtschaftliche Lage eines Unternehmens, können somit nach der Meinung Stolls keine Schadensersatzpflicht außerhalb des Deliktsrechts begründen. Im praktischen Ergebnis bleibt Stoll damit weit hinter der Rechtsprechung des Reichsgerichts zurück; der Beweis, daß bewußt eine falsche Bescheinigung ausgestellt wird, ist nur schwer zu führen, das Reichsgericht hat darauf nicht abgestellt.

Dagegen scheint sich der Bundesgerichtshof der Lehre Stolls anzunähern, wenn er in dem dargestellten Wirtschaftsprüferfall unter ausdrücklichem Hinweis auf Stoll eine Haftung gegenüber Dritten für den Fall erwägt, daß die erteilte Bescheinigung nicht „subjektiv zutreffend" ist[66]. In solchen Fällen wird aber bereits auf der Grundlage des Deliktsrechts ein befriedigendes Ergebnis zu finden sein, so daß ein Bedürfnis nach der Ausweitung vertraglicher Haftung nicht bestehen dürfte. Die Fälle fahrlässig falsch erteilter Auskunft

---

63 Stoll, a. a. O., S. 113.

64 A. a. O., S. 113 ff.

65 A. a. O., S. 107.

66 Vgl. oben zu N. 48.

bereiten die eigentlichen Schwierigkeiten, und für sie muß nach einer gerechten Lösung gesucht werden.

Diesem Problem geht Lorenz[67] in einer breit angelegten, besonders die Regelungen des ausländischen Rechts berücksichtigenden Untersuchung nach, Lorenz[68] verwirft rechtsgeschäftliche Lösungen die – wie er meint – „nur um den Preis blutleerer Fiktionen zu halten" seien und sieht einen Ausweg, „an das ‚in Ergänzung des geschriebenen Rechts geschaffene gesetzliche Schuldverhältnis' anzuknüpfen, zu welchem sich Rudolf von Iherings Lehre von der culpa in contrahendo im deutschen Recht fortentwickelt hat"[69]. Tragender Gedanke im Rahmen dieses gesetzlichen Schuldverhältnisses sei die Inanspruchnahme des Vertrauens, wie auch in den Auskunftsfällen der hier behandelten Art das Vertrauen des geschädigten Auskunftempfängers beansprucht werde. Lorenz erkennt, daß Vertrauen nicht allein als Haftungsgrundlage genügt, und stellt noch eine Reihe zusätzlicher Anforderungen auf[70]:

– Es bedürfe eines besonderen Auskunftskontaktes. Die Auskunft sei in diesem Sinne richtungsbedürftig. Diese von Lorenz gemachte Einschränkung ist aber nicht so zu verstehen, daß ein unmittelbarer geschäftlicher Kontakt zwischen Auskunftgeber und geschädigtem Dritten erforderlich sein soll. Lorenz will vielmehr die von ihm vorgeschlagene Lösung auch auf Fälle erstrecken, in denen die Auskunft von dem Vertragspartner des Auskunftgebers beschafft und an den Dritten weitergegeben wurde, ohne daß der Auskunftgeber in unmittelbare Beziehungen zu dem Dritten getreten ist[71].

67 A. a. O. (oben N. 29), S. 575 ff.

68 A. a. O., S. 618.

69 Ebenso Canaris, Die Vertrauenshaftung im deutschen Privatrecht, München 1971, S. 539.

70 Lorenz, a. a. O., S. 618 f.

71 Vgl. Lorenz, a. a. O., S. 583, 618.

– Es müsse sich um einen geschäftlichen Auskunftskontakt handeln. Davon läßt sich nach Meinung Lorenz nur sprechen, wenn Auskünfte von Personen erteilt werden, deren soziale Stellung und Funktion ein Vertrauen rechtfertigen.
– Der Auskunftgeber müsse die vermögenswirksame Bedeutung seiner Auskunft in einer Weise erkennen, daß eine Einschätzung des Haftungsrisikos überschaubarer sei; Geschäfte mit nicht mehr überschaubarem Risiko, insbesondere mit spekulativem Charakter sollen ausscheiden.
– Der Umfang des zu gewährenden Vertrauens müsse im Einzelfall ermittelt werden. Vertragliche Haftungsbeschränkungen könnten die Grenzen des gewährten und zu beanspruchenden Vertrauens bestimmen.

Lorenz[72] bezieht die von ihm vorgeschlagene Lösung auf zwei Fallgruppen:
– einmal auf solche Fälle, in denen ohne vorherige Geschäfts- oder Verhandlungsbeziehungen eine Auskunft erteilt wird und die Beteiligten über diesen einmaligen Kontakt hinaus keine Geschäftsverbindungen anknüpfen; zu dieser Gruppe gehört der oben[73] behandelte Fall, daß eine Bank eine einmalige Auskunft an eine Person gibt, die nicht ihr Kunde ist;
– zum anderen auf solche Fälle, in denen die Auskunft über eine Person läuft, die zwischen Auskunftgeber und Geschädigten „zwischengeschaltet" ist; dies sind die hier behandelten Fälle, daß Sachverständige sich gutachtlich äußern und ein Dritter, der mit dem Gutachter nicht in unmittelbare Beziehungen getreten ist, aufgrund des Gutachtens eine Vermögensdisposition trifft, die zu einem Schaden führt.

Bei der hier vertretenen Meinung, daß ein Verhalten als eine rechtgeschäftliche Erklärung bestimmten Inhalts aufzufassen ist, wenn es nach Treu und Glauben mit Rücksicht

---

72 Vgl. a. a. O.

73 S. 10.

auf die Verkehrssitte so gedeutet werden muß, und es dafür nicht auf den inneren Willen des Erklärenden ankommt[74], bedarf es zur befriedigenden Lösung der in der ersten Gruppe zusammengefaßten Fälle nicht der von Lorenz vorgeschlagenen Hilfskonstruktion, um das anzuerkennende rechtspolitische Bedürfnis zu befriedigen, über die Möglichkeiten hinaus, die das Deliktsrecht bietet, Vermögensschäden infolge fahrlässig falscher Auskunft zu ersetzen[75]. Von dem Standpunkt dieser Meinung aus betrachtet, stellt sich die Annahme eines Vertrages in diesen Fällen nicht als „blutleere Fiktion" dar, sondern als konsequente Durchführung einer objektivierenden Auffassung der Willenserklärung.

In der zweiten Fallgruppe, in den hier behandelten Fällen der Schädigung Dritter durch falsche Informationen, versagt aber diese Konstruktion erst recht. Denn neben den vertraglichen Beziehungen zwischen Auskunftgeber und Auskunftempfänger kann es nicht noch zusätzlich ein gesetzliches Schuldverhältnis der culpa in contrahendo zwischen Auskunftgeber und Geschädigten geben. Das Entstehen eines solchen Schuldverhältnisses setzte unter anderem voraus, daß es zu einem unmittelbaren Kontakt zwischen Schädiger und Geschädigten gekommen ist, weil erst diese Kontaktaufnahme besondere Sorgfalts- und Rücksichtspflichten unter den Beteiligten begründet und somit die Grundlage für eine von der deliktischen Haftung abweichende Schadensersatzregelung schafft[76]. Dabei mag hier dahinstehen, ob es sich um geschäftliche Beziehungen handeln muß[77] oder ob nicht ein „sozialer Kontakt" ausreichen kann[78]. In den Auskunfts-

[74] Vgl. oben S. 8 f., 13.
[75] Lorenz, a. a. O., S. 618.
[76] Esser, Schuldrecht, Band I: Allgemeiner Teil, 4. Auflage, Karlsruhe 1970, S. 374, 377; Larenz, Lehrbuch des Schuldrechts, Band I, 10. Auflage, München 1970, S. 90 ff.; Thiele, JZ 1967, S. 651; Diederichsen, Die Haftung des Warenherstellers, Berlin/München 1967, S. 167 f.
[77] So die herrschende Lehre; vgl. Larenz, a. a. O., S. 90, 93, insbesondere N. 3 von S. 92, MDR 1954, S. 515, 517 f.; Esser, a. a. O., S. 377.
[78] So Dölle, ZStW 103 (1943), S. 67 ff.; Eike Schmidt, Nachwort zu „Rudolf von Ihrering, culpa in contrahendo, Hermann Staub, Die positive Vertragsverletzung", Bad Homburg v. d. H./Berlin/München 1969, S. 145 ff., Diederichsen, a. a. O. (oben N. 76), S. 168.

tatbeständen der hier behandelten Art fehlt es an einem unmittelbaren Kontakt zwischen Auskunftgeber und geschädigtem Dritten; zwischen ihnen ist eine andere Person zwischengeschaltet, der Auskunftsempfänger, der im Regelfall ein eigenes Interesse an der Auskunft und ihrer Weitergabe an den Dritten hat und deshalb nicht etwa nur als Bote und Übermittler der Auskunft angesehen werden kann. Auch durch die Weitergabe der Auskunft an den Dritten wird nicht etwa jener Kontakt zum Auskunftgeber hergestellt. Diese Weitergabe ist ein selbständiger vom Auskunftgeber nicht beeinflußter Vorgang, der sich nach dem Willen des Auskunftsempfängers beliebig oft wiederholen kann und ausschließlich in dessen Herrschaftssphäre fällt[79]. Sollen nicht die Grenzen zur deliktischen Haftung verwischt und die relative Unbestimmtheit des Tatbestandes der culpa in contrahendo[80] noch vergrößert werden, so ist es abzulehnen, Fälle, in denen ein vertragsunabhängiger Dritter zum Schädiger nicht in einem unmittelbaren Kontakt getreten ist, nach den Grundsätzen der culpa in contrahendo zu lösen.

c) Die Frage nach vertraglichen Drittwirkungen

Die hier erörterten Auskunftsfälle haben gemeinsam, daß der Auskunftgeber mit seiner Auskunft oder seinem Gutachten eine vertragliche Pflicht gegenüber dem Auskunftsempfänger erfüllen will und erfüllt und nicht daran denkt, in vertragliche Beziehungen zu dem Dritten zu treten, dem vom Auskunftsempfänger die Auskunft weitergegeben wird. Die Auskunft als solche ist lediglich eine tatsächliche Hand-

---

79 Vgl. Eike Schmidt, a. a. O., S. 144 f., der als pflichtbegründend bei der culpa in contrahendo ansieht, daß der Schädiger den Geschädigten veranlaßt, „sich in einen von ihm kontrollierten Bereich zu begeben".

80 Esser, a. a. O., S. 378: „Culpa in contrahendo ist nach allen Beispielen ein vielfältig anwendbarer, unbestimmt gehaltener Tatbestand, bei dessen Anwendung gerade deshalb stets sorgfältig zu prüfen ist, ob seine Rechtsfolgen mit einigen typischen die fraglichen Sachverhalte gleichfalls betreffenden Tatbeständen in Einklang stehen . . .".

lung[81]; durch sie wird weder ein geschäftlicher Kontakt zum Auskunftgeber oder Dritten hergestellt noch eine Offerte zum Abschluß eines Auskunftsvertrages abgegeben, die an den, den es angeht[82], gerichtet ist. Es hieße dem Parteiwillen Gewalt antun, wollte man das Zustandekommen eines Vertrages zwischen Auskunftgeber und Dritten mit Hilfe einer in der Auskunft angeblich liegenden Vertragsofferte konstruieren.

Vertragliche Beziehungen gibt es nur zwischen Auskunftgeber und Auskunftsempfänger. Sollen dem Dritten vertragliche Ansprüche gegen den Auskunftgeber zustehen, dann müssen sie aus diesem Vertrag hergeleitet werden. Dies würde voraussetzen, daß der Vertrag Schutzwirkungen zu Gunsten des geschädigten Dritten hätte.

Die Möglichkeit, daß ein Dritter, der auf die Richtigkeit einer Auskunft oder eines Gutachtens vertraut hat und aufgrund der Fehlerhaftigkeit der Auskunft ein Schaden erlitten hat, in den Schutzbereich des zwischen Auskunftgeber und Empfänger zustande gekommenen Vertrages einbezogen sein könnte, ist in Rechtssprechung und Schrifttum erwogen, jedoch durchweg verworfen worden[83]. Zur Begründung dieser ablehnenden Haltung ist auf das Fehlen einer Fürsorgepflicht des Auskunftsempfängers gegenüber dem Dritten verwiesen worden. Um zu der Frage Stellung nehmen zu können, ob diese Auffassung zutrifft, muß auf das Wesen und den Inhalt der vertraglichen Schutzwirkungen für Dritte näher eingegangen werden.

Daß Dritte von Schuldverhältnissen, die zwischen anderen Personen abgeschlossen worden sind, und den Leistungen daraus betroffen werden, ist eine ständig wiederkehrende Erscheinung. Typische Fälle, in denen diese Drittwirkungen

---

81 Vgl. die oben in N. 3 Zitierten.

82 So Locher, NJW 1969, S. 1568; vgl. auch BGHZ 12, 105; BGH, DB 1970, S. 1631; OLG Saarbrücken, NJW 1972, S. 55 f.

83 BGH, NJW 1973, S. 322; OLG Saarbrücken, a. a. O.; OLG Hamburg, BB 1973, S. 1234, 1235; Locher, a. a. O.

besonders offensichtlich sind und die auch im Rahmen der Rechtsprechung zur vertraglichen Schutzwirkung für Dritte eine besondere Rolle gespielt haben, stammen aus dem Bereich der Personenbeförderung, der ärztlichen Betreuung, der Miete sowie der Werk- und Dienstleistungen[84]. Hierbei kommt es häufig vor, daß neben oder anstelle des Gläubigers einem Dritten, z. B. einem Verwandten oder einem Arbeitnehmer des Gläubigers, die Leistung des Schuldners zugute kommt: Arbeitnehmer des Gläubigers werden vom Schuldner befördert; die Eltern lassen ihr Kind von einem Arzt behandeln; Verwandte des Mieters benutzen die Mieträume.

Im Bürgerlichen Gesetzbuch sind solche Fälle der vertraglichen Drittwirkung nicht ausdrücklich geregelt. Rechtsprechung und Lehre haben – zunächst auf der Grundlage der gesetzlichen Regelung des Vertrages zugungsten Dritter oder zumindest doch in enger Anlehnung an die entsprechenden Vorschriften, später darüber hinaus[85] – versucht, die bestehende Lücke zu schließen und Regeln zu finden, die einen gerechten Ausgleich von Schäden ermöglichen, die Dritte bei Abwicklung von Schuldverhältnissen entstanden sind.

Der Bundesgerichtshof hat in Fortsetzung der Rechtssprechung des Reichsgerichts wiederholt festgestellt, daß in Fällen, „in denen dritte Personen in den Schutz des Vertrages einzubeziehen sind, weil die vertragliche Sorgfalts- und Schutzpflicht nach Treu und Glauben und dem Zweck des Vertrages nicht nur dem Vertragsgegner, sondern auch bestimmten weiteren Personen gegenüber zu beachten ist“, diese Personen einen eigenen Anspruch aus dem Vertrag herleiten können, wenn sie bei Abwicklung des Schuldverhältnisses einen Schaden erleiden[86].

---

[84] Gernhuber, Festschrift für Nikisch, 1958, S. 253 ff., JZ 1962, S. 553, mit Nachweisen.

[85] Zur Entwicklung vgl. RGZ 127, 218 ff.; Larenz, a. a. O. (oben N. 76), S. 166 ff.; Gernhuber, JZ 1962, S. 553 ff.

[86] BGH, NJW 1959, S. 1676; BGH, NJW 1965, S. 1757.

Die Intensität, in der Dritte mit den Schuldverhältnissen anderer in Berührung kommen, ist unterschiedlich. Von der flüchtigen, zufälligen Beziehung geht der Grad der Einwirkung über viele Zwischenstufen hinweg bis zu solchen Sachverhalten, in denen Personenkreis und Stärke der Beziehungen zu Dritten bereits durch den Typ des Rechtsverhältnisses bestimmt und nach Art der Leistung vorgegeben sind[87]. Die Vielfalt denkbarer Formen und Stärke läßt eine Abgrenzung der Fälle, in denen eine Einbeziehung in den vertraglichen Schutzbereich vorzunehmen ist, notwendig werden. Die herrschende Auffassung in Rechtssprechung und Lehre hat als ein entscheidendes Kriterium die Fürsorgepflicht des Vertragsgläubigers gegenüber dem geschädigten Dritten gewählt. Ausgehend von den Fällen, in denen Familienangehörige oder Arbeitnehmer des Gläubigers geschädigt worden sind, ist gleichsam die Fürsorgepflicht des Vaters oder des Arbeitgebers zum Maßstab erhoben und die Unterstellung Dritter unter die Schutzwirkungen des Vertrages mit einem entsprechenden objektiv begründeten und erkennbarem Interesse des Gläubigers erklärt worden[88]. Allerdings gibt es auch höchstrichterliche Entscheidungen, in denen eine besondere Fürsorgepflicht des Gläubigers für den Dritten nicht erkennbar ist und das Gericht auf diese Frage auch nicht näher eingeht[89].

Nun ist nicht zu bestreiten, daß eine zu weite Ausdehnung vertraglicher Schutzwirkungen auf Dritte die Grenzen zwischen vertraglichem und deliktischem Schadensersatzrecht aufheben würde[90]. Es geht nicht an, das Institut der Schutzwirkung für Dritte im Ergebnis zu einer deliktischen Generalklausel umzufunktionieren[91]. Andererseits gibt es jedoch

---

87 Gernhuber, a. a. O., S. 250.

88 BGH, NJW 1956, S. 1193 f.; BGH, NJW 1968, S. 1929, 1931.

89 S. z. B. RGZ 160, 155; BGH, VersR 1968, S. 375 f.; BGH, JZ 1970, S. 375; zu dieser Rechtsprechung vgl. Weyer, BB 1972, S. 341.

90 Locher, NJW 1969, S. 1518.

91 Dies befürchten Lorenz, JZ 1966, S. 143, Böhmer, JR 1966, S. 173.

keine überzeugenden Gründe, die Ausdehnung des vertraglichen Schutzbereiches Fällen vorzubehalten, in denen Angehörige von Mietern und Arbeitnehmer des Bestellers von Werkleistungen einen Körperschaden erlitten haben. Die Rechtsprechung ist über diesen Bereich längst hinausgegangen und vertritt heute die Auffassung, daß sich vertragliche Schutzwirkungen zugunsten Dritter auch auf Sachen erstrekken können[92]. So hat beispielsweise der Bundesgerichtshof anerkannt, daß die vertraglichen Schutzwirkungen eines Mietvertrages auch den Eigentümer umfassen, der berechtigterweise Sachen in den Mieträumen aufbewahrt[93].

Der Begriff der Fürsorgepflicht für den Dritten ist wenig geeignet, als Kriterium für die Abgrenzung zwischen vertraglicher und deliktischer Haftung zu dienen. Wird dieser Begriff eng im Sinne der Obhutspflicht des Vaters gegenüber seiner Familie und des Arbeitgebers gegenüber den bei ihm Beschäftigten ausgelegt[94], so wird das Anwendungsgebiet des Instituts der vertraglichen Schutzwirkungen für Dritte unangemessen eingeschränkt[95]; wird dagegen der Begriff „Fürsorgepflicht" im Sinne einer gegenüber dem Normalfall gesteigerten Sorgfalts- und Obhutspflicht verstanden, dann ist die Entscheidung des Einzelfalls von der nur schwer nachvollziehbaren Wertung abhängig, ob bestimmte Sonderbindungen eines Vertragspartners an den Dritten bereits den Grad der Rücksicht und Pflicht zur Beachtung fremder Interessen erreicht haben, der für eine Einbeziehung des Dritten in den Schutzbereich des Vertrages zu fordern ist. Hat nicht auch der Kreditnehmer, der zum Nachweis seiner Bonität gegenüber dem Kreditgeber ein Gutachten in Auftrag gibt, dabei die Vermögensinteressen des Kreditgebers angemessen zu berücksichtigen und wenigstens zu verhindern, daß falsche

92 BGH, NJW 1965, S. 1955; BGHZ 49, 350; BGH, NJW 1970, S. 38, 40; OLG Nürnberg, MOR 1974, S. 401; vgl. auch Zirkel, NJW 1956, S. 1675 f.; Humborg, VersR 1965, S. 940.

93 BGHZ 49, 350; ablehnend Weyer, BB 1972, S. 341.

94 BGH, NJW 1959, S. 1676.

95 So auch Humborg, VersR 1965, S. 940; Weimar, DAR 1972, S. 67, für den Beförderungsvertrag.

Darstellungen seiner Vermögenslage gegeben werden? Ist hier nicht eine Art „Fürsorgepflicht" zu sehen, die es rechtfertigen kann, den Kreditgeber in den Schutzbereich des Vertrages einzubeziehen, der mit dem Gutachter geschlossen wird? Zumindest läßt sich diese Frage nicht – wie es der Bundesgerichtshof in dem dargestellten Wirtschaftsprüferfall tut[96] – mit der fast zynisch wirkenden Begründung verneinen, zwischen Kreditsuchendem und Kreditgeber bestände hinsichtlich der Darstellung der Kreditwürdigkeit ein Interessengegensatz. Dieser Interessengegensatz darf jedenfalls nicht dazu führen, daß dem Kreditgeber falsche Angaben über die Kreditwürdigkeit des Kreditsuchenden gemacht werden.

Von der Fürsorgepflicht des Gläubigers für den in den Schutzbereich des Vertrages einzubeziehenden Dritten auszugehen, mag gerechtfertigt gewesen sein, solange die Drittberechtigung mit Hilfe eines hypothetischen Parteiwillens oder einer ergänzenden Vertragsauslegung gemäß § 157 BGB begründet wurde[97]. Denn erklärt man in dieser Frage den Parteiwillen für maßgebend und geht man dabei von der Erwartung aus, „daß die Vertragsschließenden den Vorteil unmittelbarer Ansprüche aus dem Vertrage solchen Personen zukommen lassen wollen, an deren Schutz der eine Vertragsteil ein objektiv begründetes und dem Vertragsgegner bei näherer Überlegung erkennbares Interesse hat" – so wörtlich eine Entscheidung des Bundesgerichtshofs aus dem Jahre 1956[98] –, dann erhält die Fürsorgepflicht als Voraussetzung für vertragliche Schutzwirkungen zugunsten Dritter eine ganz andere Dimension. Für den Parteiwillen, einem Dritten einen bevorzugten Schutz zu gewähren, ist die persönliche Bindung zu ihm von entscheidender Bedeutung.

96 BGH, NJW 1973, S. 321, 322; vgl. oben S. 20 f.

97 So Lorenz, JZ 1961, S. 170, 171; offengelassen vom BGH, BB 1971, S. 977 f. Larenz hat diese früher (vgl. NJW 1960, S. 79 f.) vertretene Auffassung ausdrücklich aufgegeben, s. a. a. O. (oben N. 76), S. 168 insbesondere N. 3; vgl. auch Gernhuber, a. a. O. (oben N. 84), S. 261.

98 NJW 1956, S. 1193, 1194.

Der Parteiwille kann aber für die Einbeziehung Dritter in den vertraglichen Schutzbereich nicht allein maßgebend sein. Die Parteien werden in der ganz überwiegenden Mehrzahl der Fälle keine Gedanken an die Frage der Drittberechtigung verschwenden, und wollte man deshalb von einer Vertragslücke sprechen, die es zu schließen gelte, müßte man das überraschende Ergebnis hinnehmen, daß fast alle in Betracht kommenden Verträge hinsichtlich der Schutzwirkung für Dritte lückenhaft wären und daß – worauf Gernhuber[99] zu Recht hinweist – trotz einer jahrzehntelangen Judikatur zur vertraglichen Drittwirkung.

Die vertraglichen Schutzwirkungen für Dritte sind heute ein fester Bestandteil unserer Rechtsordnung. Sie stellen eine richterrechtliche Fortbildung unseres Zivilrechts dar, durch die eine Lücke im BGB geschlossen worden ist[100]. Allerdings ist nur der Kernbereich dieses Rechtsinstituts eindeutig und ausreichend durch Rechtssprechung und Lehre ausgebildet worden; manches bleibt noch klärungs- und ergänzungsbedürftig. Hierzu gehört auch die Frage, nach welchen Kriterien die Rechtsgüter Dritter zu ermitteln sind, die in den Schutzbereich eines Vertrages eingeschlossen werden. Daß die Fürsorgepflicht des Vertragsgläubigers gegenüber dem Dritten entgegen der herrschenden Auffassung keine geeignete Grundlage für eine solche Abgrenzung bilden kann, war bereits ausgeführt worden.

Ein besserer Ansatz für die Beantwortung dieser Abgrenzungsfrage bietet eine Analyse des Verhältnisses, das der Dritte zu der vertraglichen Leistung einnimmt. Da von der Leistung Typ und Inhalt des Schuldverhältnisses bestimmt und die Beziehungen der am Vertrag Beteiligten geprägt werden, liegt es nahe, den Umfang vertraglicher Schutzwirkungen ebenfalls von der vertraglichen Leistung her zu ermitteln. Wird der Dritte nach Zweck und Inhalt des Vertrages von

---

99 A. a. O. (oben N. 84), S. 265; vgl. auch JZ 1962, S. 555.

100 Larenz, a. a. O. (oben N. 76), S. 168; Canaris, JZ 1965, S. 478; Esser, a. a. O. (oben N. 76), S. 394 f.; Blomeyer, Allgemeines Schuldrecht, 4. Auflage, Berlin/Frankfurt a. M. 1969, S. 259 (Gewohnheitsrecht).

der Leistung des Schuldners in einer Weise betroffen, die ihn in eine vergleichbare Position zur Stellung des Gläubigers bringt, die dieser im Normalfall hinsichtlich der Leistung einnimmt, dann ist es auch gerechtfertigt, ihn in den Schutzbereich des Vertrages einzubeziehen. Durch eine solche enge Beziehung zur vertraglichen Leistung unterscheidet er sich von anderen Dritten und nimmt – insbesondere für die Vertragsparteien erkennbar – eine Sonderstellung ein.

In dieser Betrachtung der Abgrenzungsfrage besteht eine weitgehende Übereinstimmung mit der von Gernhuber zu diesem Rechtsproblem vertretenen Auffassung. Allerdings gibt es doch nicht unbedeutende Unterschiede: Gernhuber[101] will die mit der Leistung verbundenen Gefahren entscheiden lassen und fragt danach, ob sie nach der Anlage des Schuldverhältnisses einen Dritten mindestens ebenso stark wie den Gläubiger treffen können. Der Kreis der durch eine vertragliche Leistung gefährdeten Personen ist jedoch wesentlich größer als der, denen die Leistung gläubigerähnlich zugute kommt. Es ist im Rahmen dieser Ausführung nicht möglich, zu diesen Fragen abschließend und umfassend Stellung zu nehmen. In den Fällen, die hier Anlaß für die Erörterung der Schutzwirkungen zugunsten Dritter sind – bei der Entscheidung über die Haftung von Sachverständigen und Auskunftgebern gegenüber Dritten, die auf die Richtigkeit des Gutachtens oder der Auskunft vertrauen und infolge der Fehlerhaftigkeit einen Schaden erleiden –, dürfte allerdings in der Frage des Umfangs der Schutzwirkungen die Meinung Gernhubers mit der hier vertretenen zumindest im Ergebnis übereinstimmen. Überall dort, wo nach der beiden Parteien bekannten Ansicht des Gläubigers die Auskunft oder der Rat für einen Dritten bestimmt ist, wird dieser durch die vertragliche Leistung zumindest genau so stark betroffen wie der Gläubiger selbst; er ist deshalb in den Schutzbereich des

[101] A. a. O., S. 270; ähnlich auch Blomeyer, a. a. O.: Drittbezogenheit der Leistung, die sich aus Güterkontakt mit Dritten ergibt. Der BGH (NJW 1959, S. 1677) hat offengelassen, ob der Meinung Gernhubers zu folgen ist; vgl. auch Diederichsen, a. a. O. (oben N. 76), S. 100 ff.

Vertrags eingeschlossen und kann wegen der Unrichtigkeit der Auskunft oder des Gutachtens eigene vertragliche Ansprüche gegen den Schuldner geltend machen.

Nicht erforderlich ist, daß der geschädigte Dritte im Zeitpunkt der vertraglichen Leistung bereits namentlich feststeht; es genügt, daß er objektiv z. B. als potentieller Kreditgeber individualisierbar ist.

Eine Haftung gegenüber Dritten tritt nach dieser Auffassung nur ein, wenn der Auskunftgeber weiß, daß die Auskunft weitergegeben werden soll, damit der Dritte auf ihrer Grundlage wesentliche Entscheidungen treffen kann. Diese für den Schuldner erkennbare Absicht des Gläubigers gibt der vertraglichen Leistung die erforderliche Drittbezogenheit, die eine Ausdehnung der Schutzwirkungen des Vertrages auf den Dritten rechtfertigt; zugleich wird dadurch das Haftungsrisiko des Schuldners in einem vertretbaren Umfang begrenzt[102].

Nach herrschender Auffassung in Rechtsprechung und Lehre[103] muß sich der geschützte Dritte ein Mitverschulden des Gläubigers entgegenhalten lassen, das den Umfang der Schadensersatzleistung mindert. Begründet wird diese Auffassung mit der Erwägung, der geschützte Dritte leite seine Rechte gegen den Schädiger nur aus den Vertragsbeziehungen zwischen den unmittelbaren Vertragspartnern her. Ihm können deshalb auch keine größeren Rechte als dem unmittelbaren Vertragspartner des Schädigers zustehen. Wird dieser Ansicht in den hier behandelten Fällen gefolgt, dann müßte sich der Dritte entgegenhalten lassen, daß die Unrichtigkeit des Rats oder des Gutachtens durch falsche Angaben des

---

102 Das Haftungsrisiko muß billigerweise für den Schuldner beim Abschluß des Vertrages überschaubar und kalkulierbar sein; Weyer, BB 1972, S. 340; Humborg, VersR 1965, S. 940 f.

103 BGH, NJW 1961, S. 211; BGH, NJW 1965, S. 1759; BGH, BB 1971, S. 978; Larenz, a. a. O., S. 169 N. 2; vgl. Gernhuber, S. 268: „Die Berechtigung des Dritten muß getreulich der Rechtstellung des Gläubigers oder auch des Schuldners folgen. Insbesondere müssen sich Haftungsbeschränkungen jederzeit auch in ihr auswirken." A. A. Esser, a. a. O., S. 399 (originäre Ansprüche des Dritten); Weimar, DAR 1972, S. 67.

Gläubigers verursacht oder mitverursacht worden sei und deshalb ein Schadensersatz überhaupt nicht oder nur in einem verminderten Umfang geleistet werden müßte.

Die von der Rechtssprechung bisher entschiedenen Fälle, in denen das Mitverschulden des Vertragspartners als schadensersatzmindernd anerkannt wurden, betrafen durchweg Sachverhalte, in denen der Dritte nur aufgrund seiner engen Beziehungen zum Vertragspartner des Schädigers in den Schutzbereich des Vertrages einbezogen wurde. Eine irgendwie geartete Verpflichtung des Schädigers, die Interessen des Dritten ebenfalls zu berücksichtigen, bestand nicht. In den hier behandelten Fällen der Gutachtenerstattung durch Wirtschaftsprüfer, Steuerberater, Kunstsachverständiger oder andere Experten wird aber der geschädigte Dritte durch das besondere Ansehen, das der Schädiger hat und auch für die Durchführung des Auftrages in Anspruch nimmt, zu seinem den Schaden auslösenden Verhalten bestimmt. Der Schädiger genießt in der öffentlichen Anschauung eine besondere Vertrauensstellung, die ihn veranlassen muß, die Interessen der Adressaten seines Gutachtens auch zu beachten. Der geschädigte Dritte vertraut auf die Richtigkeit des Gutachtens gerade deshalb, weil es der Schädiger erstattet hat, und kann dieses Vertrauen auch haben, ohne sich dem Vorwurf der Fahrlässigkeit auszusetzen. Dieses Vertrauen richtet sich in Fällen, in denen die Tatsachenermittlung und Aufstellung des zu begutachtenden Tatbestandes zu den Aufgaben des Gutachters gehören, insbesondere darauf, daß seine Sachkunde verhindert, durch unrichtige Belege oder Angaben des Auftraggebers getäuscht zu werden und deshalb zu einem falschen Ergebnis zu gelangen. Die besondere Vertrauensstellung, die der Schädiger inne hat und gegenüber dem Dritten bewußt nutzt, schließt deshalb die Berufung auf das den Schaden mitverursachende Verhalten des Auftraggebers aus. Ein Schadensausgleich kann in solchen Fällen, in denen die Beziehungen zwischen Vertragsschuldner und Dritten aufgrund der besonderen Umstände einen gewissen Eigencharakter mit einer Verselbständigungstendenz aufweisen, nur im unmittelbaren Verhältnis der Vertragspartner zueinander, nicht gegenüber dem geschädigten Dritten vorgenommen werden[104]. Dagegen kann dem Dritten eine eigene Mitschuld an der Schadensverursachung entgegengehalten werden, etwa weil der Gutachter für ihn erkennbar nicht die erforderliche Sachkunde für das Gutachten besaß.

VI. DELIKTISCHE HAFTUNG

Die Frage nach der Haftung eines Gutachters oder Auskunftgebers wegen unerlaubter Handlung wird sich meist auf die Vorschrift des § 826 BGB beziehen, weil es sich bei Fällen dieser Art im allgemeinen um den Ersatz von Vermögenschäden handeln wird. Nach § 826 muß der Schaden ersetzt werden, wenn er durch einen bewußt falschen Rat oder eine bewußt unrichtige Auskunft verursacht wurde[105]. Erforderlich ist einmal das Bewußtsein, daß die Handlung den schädigenden Erfolg haben werde oder zumindest haben könnte, und außerdem der Wille, diesen Erfolg herbeizuführen, oder wenigstens die Billigung des Erfolges. In der Rechtsprechung[106] ist anerkannt, daß ein Sittenverstoß im Sinne des § 826 auch in einem leichtfertigen Verhalten gesehen werden kann, das als gewissenlos zu bezeichnen ist. Insbesondere bei leichtfertig falscher Begutachtung durch Sachverständige liegt eine solche Annahme nahe[107]. Art und Weise des sittenwidri-

---

104 Fikentscher, Schuldrecht, 4. Auflage, Berlin 1973, § 37 IV 4 (S. 154), weist darauf hin, daß die Schutzpflichten gegenüber dem Dritten wesentlich stärker als gegenüber dem Vertragspartner sein können und daß dann ein Mitverschulden des Vertragspartners dem Dritten nicht entgegengehalten werden kann.

105 Pikart, WM 1966, S. 701.

106 BGHZ 10, 228, 233; BGH, WM 1956, S. 866; BGH, MDR 1956, S. 1229, mit Anmerkung von Pohle; BGH, WM 1962, S. 933; BGH, WM 1964, S. 1163, 1165; BGH, WM 1966, S. 1148 f.

107 BGH, WM 1964, S. 1165; BGH, WM 1966, S. 1149.

gen Verhaltens können Anhaltspunkte dafür bieten, ob ein Schädiger vorsätzlich gehandelt hat[108]. Ergibt diese Wertung, daß der Schädiger mit der Möglichkeit rechnete, daß irgend jemand einen Schaden erleiden könnte – der Schädiger braucht nicht zu wissen, wer durch seine Handlung geschädigt wird[109] – und hat er dieses Ergebnis in Kauf genommen, dann hat er mit bedingtem Vorsatz gehandelt, was für § 826 BGB ausreicht.

Als ein Beispiel sei die Entscheidung des Bundesgerichtshofs vom 3. 12. 1973[110] angeführt: Der geschäftsführende Gesellschafter einer Bank, der wußte, daß eine Firma wirtschaftlich äußerst schwach war, erschien uneingeladen bei Kreditverhandlungen der Firma mit einem Geldgeber und äußerte sich positiv über die wirtschaftliche Lage des Unternehmens. Er tat dies, weil er an dem Geschäft wegen Kredite, die er der Firma selbst gewährt hatte, interessiert war. Der BGH bejahte eine Haftung aus § 826 BGH und begründete dies mit folgenden Erwägungen: „Ein Bankier, der auf solche Weise einen „faulen" Kunden uneingeladen zu einem Treffen mit dessen Geschäftspartner begleitet, durch sein dortiges Auftreten wie auch durch seine als positive Stellungnahme wirkende Beteiligung an Gesprächen über weitere Geschäftsbeziehungen seinen Kunden wider besseres Wissen als kreditwürdig erscheinen läßt und dessen Geschäftspartner hierdurch bewußt zur Übernahme eines bei Kenntnis der wahren Lage nicht vertretbaren Risikos ermutigt, verletzt grob den geschäftlichen Anstand und handelt damit gegen die guten Sitten."

---

108 BGH, WM 1966, S. 1149, mit Nachweisen.
109 BGH, WM 1956, S. 855 f., mit Nachweisen.
110 BB 1974, S. 297.

VII. ZUSAMMENFASSUNG

Zur Haftung für Rat, Auskunft und Gutachten ist zusammenfassend festzuhalten:

1. Ob die Grenze zwischen unverbindlicher Gefälligkeit und rechtsgeschäftlichem Handeln überschritten wird, ist eine vom Standpunkt eines objektiven Betrachters nach dem Grundsatz von Treu und Glauben und mit Rücksicht auf die Verkehrssitte zu entscheidende Wertungsfrage. Die Rechtsprechung nimmt einen stillschweigend abgeschlossenen Vertrag an, wenn die Beratung oder Auskunft erkennbar für den Empfänger von erheblicher Bedeutung ist und er sie zur Grundlage wesentlicher Entscheidungen oder Maßnahmen macht, wobei es als besonders bedeutsam gewertet wird, ob der Berater oder Auskunftsgeber sachkundig ist. In Fällen, in denen diese Merkmale vorliegen, muß nach objektiver Betrachtung ein Bindungswille der Parteien bejaht werden; eine abweichende subjektive Einstellung, die nach außen nicht erkennbar geworden ist, ist demgegenüber nicht zu berücksichtigen.
2. Haftungsausschlüsse können insbesondere auch durch Allgemeine Geschäftsbedingungen vorgenommen werden. Sie werden Bestandteil des Vertrages, wenn ein entsprechender Wille beider Vertragspartner objektiv erkennbar ist. Bei der Inhaltskontrolle ist bei unentgeltlich erbrachten Leistungen ein großzügigerer Maßstab anzulegen als bei entgeltlichen. Die Freizeichnung für Vorsatz und grobe Fahrlässigkeit verfassungsmäßig berufener Vertreter widerspricht einem gerechten Interessenausgleich zwischen den Vertragspartnern und ist deshalb ungültig.
3. Wegen der weitreichenden Haftungsverpflichtung ist es in der Praxis ein seltener Fall, daß jemand verspricht, unab-

hängig von seinem Verschulden den Schaden zu ersetzen, der entsteht, wenn sein Rat befolgt oder auf die Richtigkeit seiner Auskunft vertraut wird. Die Übernahme dieser Garantie ist nur in Fällen anzunehmen, in denen sich eindeutige Anhaltspunkte für den entsprechenden Willen des Auskunftgebers finden lassen; ein eigenes wirtschaftliches Interesse kann hierbei als Beweisanzeichen dienen.

4. Werden falsche Auskünfte und Ratschläge innerhalb von Vertragsbeziehungen erteilt, die ihrem Gegenstand nach auf andere Leistungen gerichtet sind, dann können dadurch vertragliche Nebenpflichten verletzt werden und Schadensersatzansprüche begründet sein. Denn neben den primären Leistungspflichten stehen nach Art und Intensität der Rechtsbeziehungen unterschiedlich umfangreiche Pflichten, die Interessen des Vertragspartners auch über den eigentlichen Vertragsgegenstand hinaus wahrzunehmen. Eine vertragliche Nebenpflicht wird durch falsche Auskunft und Beratung jedoch nur dann verletzt, wenn zwischen der Information und dem Vertragsgegenstand eine innere Beziehung festgestellt werden kann; sonst ist eine Unterordnung unter das bestehende Vertragsverhältnis nicht möglich.

5. Wird ein aufgrund vertraglicher Vereinbarung erstattetes Gutachten oder eine entsprechende Auskunft vom Gläubiger einem Dritten weitergegeben, der infolge der Unrichtigkeit der Information einen Schaden erleidet, dann hat der Dritte einen unmittelbaren vertraglichen Schadensersatzanspruch gegen den Gutachter oder Auskunftgeber, wenn er in den Schutzbereich des Auskunftsvertrages oder des Vertrages über die Erstellung des Gutachtens einbezogen ist. Eine derartige Einbeziehung des Dritten in den vertraglichen Schutzbereich ist anzunehmen, wenn nach der beiden Vertragsparteien bekannten Absicht des Gläubigers die Auskunft oder das Gutachten für diesen Dritten bestimmt ist. Der Dritte braucht im Zeitpunkt der vertraglichen Leistung nicht namentlich festzustehen, muß je-

doch individualisierbar sein. Der Schuldner muß wissen, daß die von ihm gegebene Auskunft oder das von ihm erstattete Gutachten von dem Dritten zur Grundlage wesentlicher Entscheidungen gemacht werden soll. Kann der Dritte zu Recht darauf vertrauen, daß die besondere Sachkunde des Gutachters verhindert, durch falsche Belege oder Angaben des Gläubigers irre geführt zu werden, dann kann sich der Schuldner gegenüber dem Dritten nicht darauf berufen, daß der Gläubiger durch falsche Informationen schuldhaft den Schaden mitverursacht habe.

6. Eine Haftung nach § 826 BGB ergibt sich, wenn der Gutachter oder Auskunftgeber einen Schaden durch eine bewußt unrichtige Information verursacht hat. Leichtfertiges Verhalten ist sittenwidrig, wenn es sich als gewissenlos darstellt. Eine solche Wertung liegt insbesondere bei leichtfertig falscher Beratung und Begutachtung durch Sachverständige nahe.

Walter de Gruyter
Berlin · New York

Hermann Dilcher

Schuldrecht Besonderer Teil
in programmierter Form

Gemeinsam mit Norbert Berger, Wilm Brepohl, Ludwig Jörder, Heinz Klinkhammer, Dr. Harald Kunst, Jürgen Körnig, Dirk Olzen, Lothar Peter und Jochen Spilker

Groß-Oktav. XII, 612 Seiten. 1974. Plastik flexibel
DM 38,– ISBN 3 11 004618 0
(de Gruyter Lehrbuch – programmiert)

Wolfgang Fikentscher

Schuldrecht
4. Auflage

Groß-Oktav. XXIV, 725 Seiten. 1974. Plastik flexibel
DM 48,– ISBN 3 11 004646 6
(de Gruyter Lehrbuch)

Wolfgang Fikentscher

Schuldrechtspraktikum
Methodik, Schwerpunkte, Übersichten und Fälle mit Lösungshinweisen auf Gebieten des Zivilrechts mit schuldrechtlichem Einschlag

Klein Oktav. 240 Seiten. 1973. Kartoniert DM 12,80
ISBN 3 11 004351 3 (Sammlung Göschen, Band 6378)

Lehmann – Hübner

Allgemeiner Teil des Bürgerlichen Gesetzbuches
16., unveränderte Auflage

Oktav. XVI, 502 Seiten. 1966. Gebunden DM 32,–
ISBN 3 11 000984 6 (de Gruyter Lehrbuch)

Preisänderungen vorbehalten

FSC
www.fsc.org
MIX
Papier | Fördert gute Waldnutzung
FSC® C083411

Kolibri 360 GmbH
Ferdinand-Jühlke-Straße 7
99095 Erfurt, Deutschland
produktsicherheit@kolibri360.de